Collection de Monsieur E. M.

Céramique de la Chine et du Japon

BRONZES — ARGENTERIE — MÉTAUX DIVERS

Emaux Cloisonnés

PIERRES DURES, LAQUES JAPONAIS

IVOIRES, ARMES DIVERSES, BOIS SCULPTÉS, MEUBLES, ETC.

Porcelaine Européenne à décor chinois

TAPIS, ETC.

dont la vente, par suite de son décès, aura lieu à l'HOTEL DROUOT, Salle N° 6.

Les Jeudi 4 et Vendredi 5 Juin 1914, à 2 heures

et samedi 6 juin

Me GABRIEL
Commissaire-Priseur
12, Rue Hippolyte-Lebas

M. ANDRÉ PORTIER
Expert près le Tribunal civil
24, rue Chauchat

Chez lesquels se distribue le présent catalogue.

EXPOSITION PUBLIQUE

HOTEL DROUOT, Salle n° 6. le Mercredi 3 Juin 1914, de 2 h. à 6 h.

Voir l'ordre des vacations au dos de la présente page.

CONDITIONS DE LA VENTE

La vente sera faite expressément au comptant.

Les acquéreurs paieront 10 % en sus des enchères.

L'expert assistant aux expositions se met à la disposition de MM. les Amateurs qui voudraient lui confier leurs ordres d'achat.

ORDRE DES VACATIONS

PREMIÈRE VACATION

4 **Juin 1914**

Céramique	Nos	95 à 1
Bronzes	—	96 à 119
Objets en argent	—	120 à 160

DEUXIÈME VACATION

5 **Juin 1914**

Laques	Nos	279 à 235
Emaux cloisonnés	—	161 à 212
Pierres dures	—	213 à 234
Bois sculptés	—	379 à 478

TROISIÈME VACATION

6 **Juin 1914**

Ivoires	Nos	357 à 280
Armes	—	358 à 378
Meubles	—	419 à 428
Divers	—	429 à 440
Céramique européenne	—	441 à 458
Tapis	—	459 à 487

CÉRAMIQUE

1. — Une paire de très belles potiches couvertes, en ancienne porcelaine de la Chine, décorées sur fond blanc d'oiseaux en des massifs de fleurs.
Famille verte.
Epoque *Kang-hi*. Haut. 45 cm.
Couvercles postérieurs.

2. — Potiche en ancienne porcelaine de Chine, offrant sur fond blanc un décor de femmes et d'enfants jouant sur une terrasse.
Monture de bronze doré.
Famille verte.
Epoque *Kang-hi*. Haut. 40 cm.

3. — Très jolie bouteille, de forme élancée, en ancienne porcelaine de Chine décorée en or sur fond gros bleu d'un motif serré de nuages, de chauves-souris et de caractères de longévité.
Monture en bronze doré.
Epoque *Kienlong*. Haut. 48 cm.

4. — Très belle paire de potiches couvertes, en porcelaine de Chine, décorées sur fond bleu fouetté, orné de fleurs de pêchers en ors, de médaillons en réserves, offrant des scènes à personnages et des motifs fleuris.
Epoque *Taokuang*. Haut. 50 cm.

5. — Une paire de perroquets sur rochers, en porcelaine de Chine, à couverte turquoise.
Haut. 21 cm.

6. — Une paire de vases-cornets en porcelaine de Chine, à fond noir.
XIXe siècle. Haut. 45 cm.

7. — Grande potiche en porcelaine de Chine, à décor de nombreux personnages dans la montagne.

Epoque *Tungche*. Haut. 60 cm.

8. — Grande bouteille en porcelaine jaune, décorée en haut relief autour du col d'un dragon menaçant.

Monture en bronze doré.

Epoque *Taokuang*. Haut. 70 cm.

9. — Vase, la panse surelevée, en porcelaine, à couverte fraise écrasée. Monture en bronze doré.

XIXe siècle. Haut. 30 cm.

10. — Deux potiches couvertes, formant paire, en porcelaine de Chine, décorées sur fond rose de motifs fleuris variés et stylisés.

Epoque *Taokuang*. Haut. 45 cm.

11. — Vase de forme arrondie, en faïence de Satsuma, décoré sur un fond or résillé rouge d'un zone de chrysanthèmes stylisés, en émaux verts et rouge.

A l'épaulement, deux anses têtes d'éléphants.

Haut. 27 cm.

12. — Vase de forme arrondie, la panse lobée, en porcelaine japonaise de Satsuma, très joliment décoré de palmettes bleues avec motifs fleuris polychromes.

Haut. 40 cm.

13. — Grand vase-cornet, en ancienne porcelaine d'Imari, à décor de motifs fleuris et de médaillons d'animaux divers.

Haut. 71 cm.

14. — Deux potiches formant paire, en porcelaine de Chine, à décor de nombreux personnages (montées en lampes).

Monture de bronze doré.

Epoque *Tungché*. Haut. 35 cm.

15. — Coq et poule en porcelaine jaune, verte et aubergine. Chine.

XIXe siècle. Haut. 20 cm.

16. — Une paire de petits vases, en porcelaine de Chine, la panse côtelée, à fond vert, décorés en polychromie de motifs fleuris stylisés. Sur la panse, en réserves, de fins médaillons à personnages.

Epoque *Taokuang*. Haut. 30 cm.

17. — Une paire de vases-cornets en porcelaine de Chine bleu fouetté, décorés en réserves de paysages variés.

Fin XVIIIe siècle. Haut. 45 cm.

18. — Deux groupes en porcelaine à couverte aubergine, représentant des chats accroupis.

Monture en bronze doré.

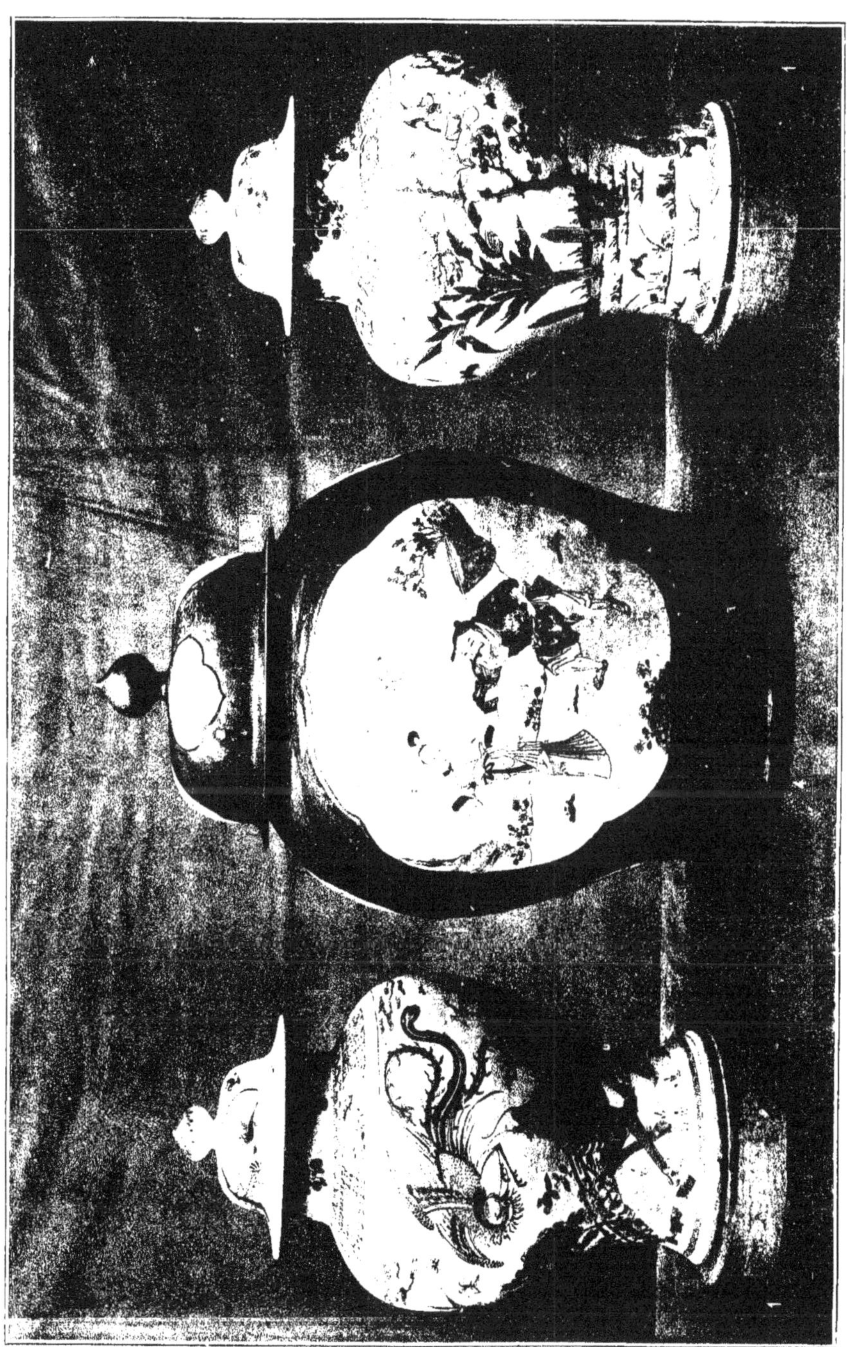

19. — Deux pots couverts, de forme hexagonale, en porcelaine bleu et blanc, à décor de personnages.

Haut. 25 cm.

20. — Trois appliques en poterie japonaise encadrée, illustrant les légendes des Sennin, Lie tie Kwai, Gama et Chokwaro.

Haut. 50 cm.

21. — Deux vases rouleaux formant paire, en porcelaine de Chine, décorés dans le style *Kang-hi* de personnages, de fleurs et d'oiseaux.

Haut. 29 cm.

22. — Petit vase à panse surélevée, en porcelaine du Japon, décoré en réserve sur fond vert d'un joli motif de chrysanthèmes.

Haut. 25 cm.

23. — Grande plaque décorative en porcelaine de Chine, à cadre de bois, représentant divers personnages près d'une habitation dans la montagne.

Epoque *Tungche* — Haut. 1 mètre. Larg. 45 cm.

24. — Deux plaques similaires en porcelaine, à décor de personnages.

Epoque *Tungche.* — Haut. 40 cm. Diam. 28 cm.

25. — Plaque similaire en porcelaine bleu et blanc, à décor de personnages.

26. — Deux groupes en porcelaine blanche japonaise d'Ovari, représentant, l'un un coq, l'autre une poule et ses poussins.

Monture de bronze doré.

Diam. 16 cm.

27. — Vase-applique en forme d'une gourde, à double panse, en porcelaine céladon chinoise.

Cachet *Kienlong.*

28. — Deux petits vases-appliques en porcelaine de Chine, à décor de paysages : l'un sur fond vert, l'autre sur fond corail.

Epoques *Kienlong et Taokuang.*

29-34. — Six plats en ancienne faïence de Rhodes, à décor fleuri.

(Seront divisés).

35. — Trois assiettes en porcelaines diverses, à décor varié.

36. — Deux plats en ancienne porcelaine de Chine, à décor de bouquets fleuris. Famille rose.

Époque *Yungching.* — Diam. 40 cm.

37. — Trois assiettes offrant un décor fleuri. Famille rose.

Epoque *Yungching.* — Diam. 23 cm.

38. — Assiette décorée d'un bouquet fleuri. Compagnie des Indes.

Diam. 23. cm.

39-46. — Un lot important d'assiettes en porcelaines diverses du Japon. (Sera divisé).

47. — Deux plats à surface lobée, en ancienne porcelaine de Chine, famille rose, à décor d'oiseaux et de fleurs.

Diam. 30 cm.

48. — Une assiette, en Chine, et une assiette Kutaia.

49. — Deux pièces en porcelaines diverses.

50. — Deux coupes de forme carrée, en porcelaine japonaise bleu et blanc, à décor fleuri.

51. — Douze assiettes en porcelaine bleu et blanc, à décors variés.

52. — Deux bouteilles en porcelaines diverses, montées en lampe.

53. — Grande vasque en porcelaine de Chine, à décor de nombreux guerriers.
Haut support en bois sculpté.

Haut. 1 m. 05.

54. — Deux tubes en porcelaine, à décor d'armoiries.
Style *Compagnie des Indes*.

Diam. 2 m. 01.

55. — Vase en forme d'une gourde, à double panse, en porcelaine de Chine.

Haut. 35 cm.

56. — Deux vases en forme de boule, en porcelaine chinoise, à décor d'enfants jouant.

Haut. 21 cm.

57. — Grande vasque en porcelaine de Chine, à décor de nombreux personnages sur fond or.
Haut support en bois sculpté à plateau de marbre, brèche rouge.

Haut. 75 cm.

58. — Deux coupes en porcelaine imitant des coquilles sur un haut socle en bois sculpté.

59-67. — Un lot de petites pièces, théières, vases, coupes, en porcelaine de Satsuma, offrant des décors variés.

68. — Deux petites tasses en porcelaine de Kutani, à décor de personnages.

69. — Brûle-parfums en forme d'une boule en porcelaine de Satsuma, couvercle en argent ciselé de motifs fleuris.

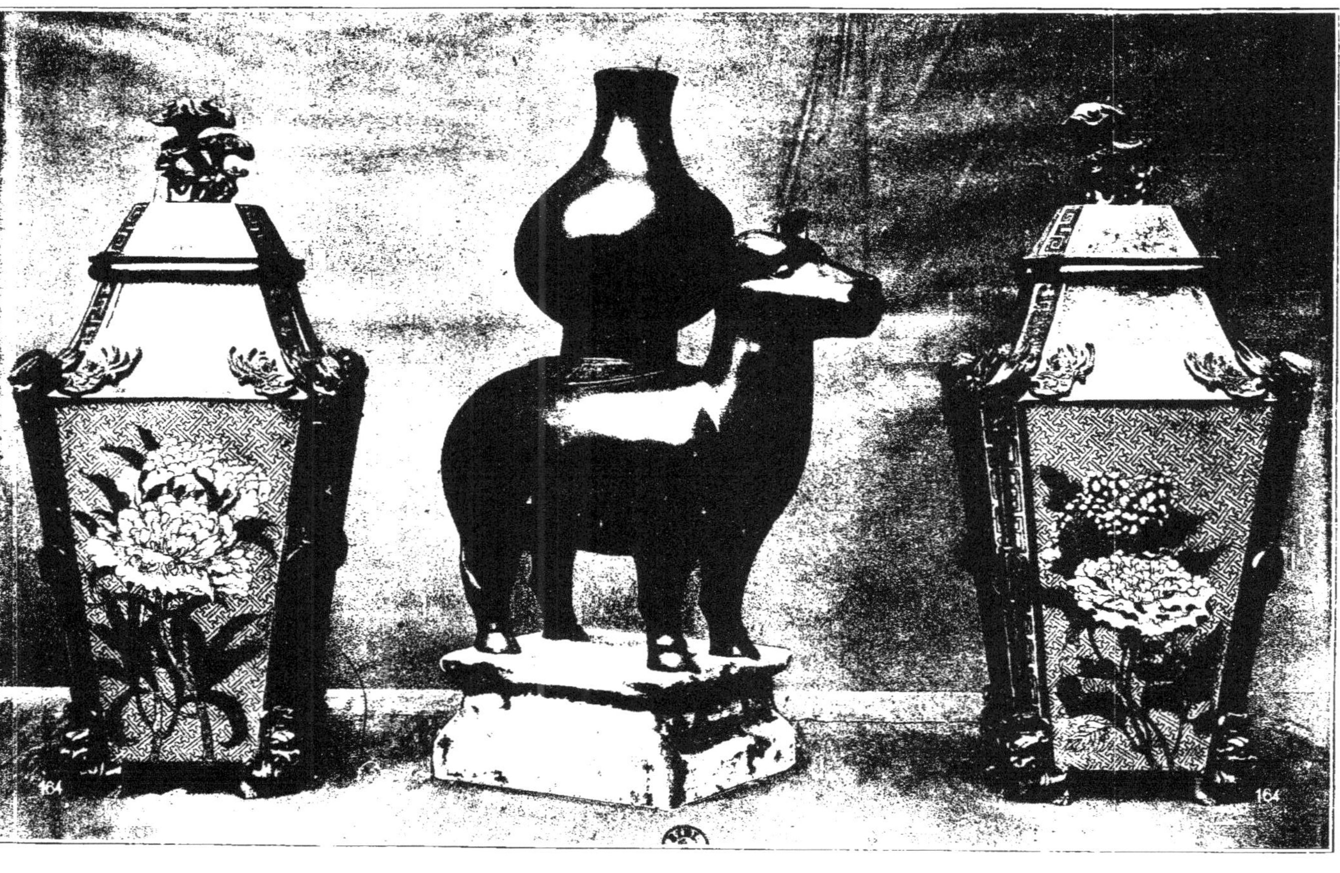
164
164

70. — Cage à grillons, en porcelaine de Kutani, à décor fleuri.

71. — Petit brûle-parfums de forme rectangulaire, en porcelaine de Kaga, à décor d'attributs divers.

72-75. — Un lot de petites pièces, en porcelaines diverses.

76. — Femme accroupie, en porcelaine de Kutani, joliment décorée.
Diam. 32 cm.

77. — Petite coupe en porcelaine turquoise, imitant une feuille aquatique.
XIXe siècle. Diam. 16 cm.

78. — Petit vase en porcelaine turquoise, monture bronze doré.
XVIIIe siècle. Haut. 20 cm.

79-85. — Un lot de pièces en porcelaines japonaises diverses.
(Sera divisé).

86-90. — Un lot de pièces diverses.
(Sera divisé).

91-95. — Un lot de pièces en porcelaines diverses.

BRONZES

96. — Très beau groupe en bronze chinois, représentant une sorte de biche supportant un vase à fleurs. Très beau bronze, incrusté de fins rinceaux fleuris d'argent.
Attribué à l'époque *Ming*.
Haut. 50 cm. Diam. 36 cm.

97. — Ibis accroupi, en bronze très finement ciselé, patine claire Japon.
Début du XIXe siècle. Diam. 48 cm.

98. — Bouteille en bronze japonais, à très belle patine brune, avec taches vertes et rouges.
Sur l'épaulement est perché un grand oiseau Hôo, la queue déployée.
Haut support en bois sculpté.
Début du XIXe siècle. Haut. 55 cm.

99. — Oiseau en bronze, partiellement doré, représentant un paon venant de se poser à terre.
XIXe siècle. Diam. 37 cm.

100. — Deux petites coupes de forme irrégulière, en bronze Sentoku, ciselées et décorées en applications de métaux divers, d'iris en fleurs. Japon.
XIXe siècle.

101. — Deux petits vases-cornets formant paire, en bronze chinois, ornés de deux zones géométriques ; à l'épaulement, deux anses à têtes chimériques supportant des anneaux mobiles.

Haut. 17 cm.

102. — Deux vases-cornets formant paire, en bronze japonais, à décor de palmettes et de motifs fleuris sur fond de grecques.

Haut. 20 cm.

103. — Porte-cierge de temple, en bronze japonais, à décor de sphères ajourées et de chimères.

Haut. 60 cm.

104. — Grande jardinière rectangulaire, en bronze japonais, imitant un natté de bambous.

Diam. 60 cm.

105. — Petite jardinière, de forme ovale en bronze japonais, très finement incrusté de métaux divers et ciselé de motifs fleuris.

Diam. 17 cm.

106. — Deux potiches couvertes en cuivre repoussé.

Style *Persan.* Haut. 38 cm.

107. — Grand vase en cuivre repoussé, style Persan, à décor d'animaux et de versets du Coran.

Haut. 40 cm.

108. — Une paire de bouteilles en cuivre.

Style *Persan.* Haut. 30 cm.

109. — Brûle-parfums en cuivre, le couvercle ajouré surmonté d'une chimère.

Socle même métal.

110. — Deux flambeaux en bronze ciselé.

111. — Deux jardinières en cuivre, ciselées de grecques et de motifs fantaisie.

112. — Deux chimères d'autel en bronze, finement ciselées.

Haut. 25 cm.

113. — Trois petites coupes en métal à patine brune, en forme de paniers, la partie inférieure imitant une feuille aquatique.

Japon XIXe siècle.

114. — Groupe en bronze figurant deux perdrix sur une branche de maïs.

Diam. 23 cm.

115. — Petit brûle-parfums formant une maisonnette au toit de chaume.

116. — Presse-papier formé de trois cigognes, debout, accolées.
Haut. 17 cm.

117. — Deux pièces en bronze : Rat et châtaigne ; Cigogne accroupie.

118. — Tortue marchant (Européenne).

119. — Vipère en fer, articulée.
Signée : *Myôchin.*

OBJETS EN ARGENT ET MÉTAUX DIVERS

120. — Théière en argent, de forme octogonale, ciselée de motifs fleuris.
Poids 270 gr.

121. — Théière de forme arrondie, en argent, décorée sur les quatre faces aplaties de médaillons fleuris.
Poids 190 gr.

122. — Théière en argent, décorée de branches de bambous.
Poids 360 gr.

123. — Grande verseuse en argent, l'anse formée de branches de bambous.
Poids 530 gr.

124. — Coupe creuse en argent, ciselée de fleurs de lotus et de médaillons de dragons.
Poids 520 gr.

125. — Petit plateau rectangulaire finement décoré de motifs fleuris et d'oiseaux.
Poids 220 gr.

126. — Petit service en argent composé d'un plateau, une théière et un sucrier.
Poids 460 gr.

127. — Théière en argent japonais, finement ciselée de chrysanthèmes.
Poids 315 gr.

128. — Grande verseuse en argent, décorée en haut relief formant anse de branches de bambous.
Poids 580 gr.

129. — Deux tasses et leurs soucoupes en argent, à décor de glycines.
Poids 430 gr.

130. — Deux autres tasses en argent, et leurs soucoupes, à décor d'érables et d'herbes d'automne.

Poids 500 gr.

131. — Petite théière en argent, imitant une fleur de lotus.

Poids 140 gr.

132. — Petit pot à lait en argent, finement ciselé de chrysanthèmes.

Poids 110 gr.

133. — Petite théière en argent ciselée de branches de bambous.

Poids 150 gr.

134. — Deux petits vases, en forme de gourdes, en argent, gravés de motifs fleuris.

Poids 170 gr.

135. — Deux autres petits vases en argent, d'une forme et d'un décor similaires.

Poids 175 gr.

136. — Sucrier en argent, très finement ciselé d'un bouquet de chrysanthèmes.

Poids 240 gr.

137. — Deux petits vases en argent, ciselés de motifs fleuris et rehaussés d'émaux translucides.

Poids 65 gr.

138. — Ravissant petit brûle-parfums tripode en argent, très finement ciselé de branches de chrysanthèmes aux pétales rehaussés d'émaux translucides.

139. — Faisan marchant, en argent : les plumes du dos sont très finement polychromées d'émaux translucides.

Diam. 26 cm.

140. — Petite théière en shibuichi, ciselée de branches de bambous.

141. — Petite théière à pans coupés, ciselée ou gravée de motifs fleuris et du chrysanthème impérial. Shibuichi.

142. — Très joli sucrier couvert en argent, ciselé d'un fouillis de chrysanthèmes aux cœurs ornés de cabochons divers.

Poids 310 gr.

143. — Petite théière en argent, imitant un puits enfeuillagé.

Poids 70 gr.

144. — Bonbonnière en argent, ciselé d'un semis de feuillage, réservant sur le couvercle un médaillon orné de deux corbeaux (de Shakudo) passant devant le disque lunaire.

Diam. 9 cm.

145. — Autre bonbonnière en argent, de forme hexalobée, très finement ciselée et rehaussée d'émaux translucides, à décor d'hortensia.
Diam. 11 cm.

146. — Boîte rectangulaire en cuivre, décorée en réserve sur un fond granité de motifs à dragons.
Diam. 6 cm.

147. — Boîte en métal argenté, de forme irrégulière, silhouettant un dragon tenant le joyau sacré représenté par une perle de corail.

148. — Une paire de très jolies bouteilles de forme élancée, en bronze sentoku, très finement ciselées de motifs fleuris rehaussés d'incrustations de métaux divers. Le col est en fer damasquiné d'or et d'argent.
Travail de *Komahe*, de Kyoto. Haut. 25 cm.

149. — Deux bouteilles en bronze laqué vert et décorées en applications diverses de branchages fleuris.
Haut. 23 cm.

150. — Petit plateau de forme rectangulaire en fer damasquiné d'or et d'argent représentant un fin paysage du temple de Higashiyama.
Signé : *Komai*, de Kyoto. Diam. 16 cm.

151. — Crabe articulé en bronze sentoku.

152. — Trois petites pièces en cuivre ciselé. Travail persan.

153. — Petite boîte en argent et deux pipettes japonaises.

154-157. — Un lot de neuf gardes de sabres japonaises.

158. — Presse-papier formé d'une boîte en émail bleu Sèvres avec monture argentée, finement ciselé.

159. — Petite boîte lenticulaire en argent, finement ciselée de motifs fleuris.

160. — Ornement en cuivre ajouré avec médaillon central contenant une petite figure d'Amida.

EMAUX CLOISONNES

161. — Garniture de cinq pièces en ancien émail cloisonné chinois, comprenant le brûle-parfums, deux vases-cornets et deux chandeliers. Le décor offre un semis de chrysanthèmes stylisés et des palmettes, sur fond turquoise.
Socles en bois sculpté.
Epoque *Kienlong*. Haut. 50 cm.

162. — Deux très jolies jardinières, de forme quadrilobée, en émail sur cuivre, décorées sur fond, alternativement gros bleu et turquoise, de grecques et de motifs fleuris stylisés.

Monture de bronze doré et cabochons de strass.

Cachet *Kienlong*. Diam. 26 cm.

163. — Très jolie bouteille, de forme rectangulaire, la panse saillante, en émail cloisonné chinois, décorée sur le corps du vase de motifs fleuris et de figures d'ogres taotieh, en polychromie sur fond turquoise.

XVIIIe siècle. Haut. 43 cm.

164. — Deux vases formant paire, en émail cloisonné de la Chine; la panse quadrilatérale s'évasant vers le col est décorée sur un fond résillé de bouquets variés aux tonalités multiples; aux arêtes, garniture en bronze doré; le bouchon du couvercle est formé d'un groupe de champignons de longévité, lingchy, en bronze doré.

XIXe siècle. Haut. 56 cm.

165. — Petite bouteille piriforme, en émail cloisonné chinois, à décor de chrysanthèmes aux tons variés, sur fond turquoise.

XIXe siècle. Haut. 14 cm.

166. — Petite boite à timbres, de forme rectangulaire, en émail cloisonné chinois, offrant le décor des mille objets prcieux.

XIXe siècle.

167. — Coupe creuse en émail cloisonné chinois, décorée sur fond turquoise résillé de cuivre de dragons se poursuivant dans les flots.

XIXe siècle. Diam. 22 cm.

168. — Bonbonnière ronde en émail cloisonné chinois, décorée sur fond blanc de nuages et de médaillons à fleurettes.

XIXe siècle. Diam. 21 cm.

169. — Bonbonnière de forme lenticulaire, en émail cloisonné chinois, à décor fleuri.

XIXe siècle. Diam. 11 cm.

170. — Deux plateaux en émail cloisonné chinois, décorés: l'un d'un motif fleuri, l'autre d'une chimère dans les pivoines.

XIXe siècle.

171. — Deux bouteilles formant paire, en émail cloisonné chinois, décorées sur fond turquoise d'oiseaux et de motifs fleuris.

Montés en lampes, avec garniture de bronze doré.

XIXe siècle. Haut. des bouteilles : 30 cm.

172. — Grande vasque, de forme quadrulobée en émail cloisonné chinois, décorée sur fond turquoise résillé de cuivre de motifs fleuris et d'oiseaux.

Haut support en bois sculpté avec dessus de marbre brèche rouge.

XIXe siècle. Diam. 60 cm.

173. — Deux vases, en forme de bouteilles (paire), en émail cloisonné chinois, décorés sur fond rose, résillé de cuivre, de bouquets fleuris délicatement nuancés.

xixe siècle. Haut. 25 cm.

174. — Deux vases formant paire, en émail cloisonné de la Chine, décorés sur fond turquoise de nombreux animaux. Au col, une zone de fleurs stylisées.

Socle en bois sculpté.

xixe siècle. Haut. 45 cm.

175. — Grande coupe, de forme hexagonale, en émail cloisonné chinois, décoré sur fond turquoise de poissons, crabes et crustacés divers ; deux anses à têtes de dragons en bronze ciselé et émaux.

xixe siècle. Haut. 77 cm.

176. — Deux vases couverts, la panse arrondie, en émail cloisonné chinois, décorés sur fond turquoise de motifs géométriques et de zones de fleurettes stylisées.

Début du xixe siècle. Haut. 55 cm.

177. — Très grand brûle-parfums, en émail cloisonné chinois, décoré sur fond turquoise de pagodes, d'animaux variés et de rochers. La vasque est supportée par trois pieds portant à la partie supérieure des têtes de chimères en bronze doré.

Haut couvercle cloisonné décoré de chrysanthèmes stylisés, de signes du bonheur et de chauves-souris. Il est surmonté d'une chimère en bronze doré.

Anses en bronze ciselé représentant des dragons tenant des plaquettes cloisonnées ornées du signe du bonheur. Large socle en bois sculpté.

xixe siècle. Haut. 1 m. 50.

178. — Deux bouteilles formant paire, en émail cloisonné chinois, décorées sur fond rose de chrysanthèmes stylisés et de mille objets précieux.

xixe siècle. Haut. 30 cm.

179. — Petite jardinière, de forme ovale et quadrilobée, en émail cloisonné chinois, décorée sur fond jaune de motifs de pivoines stylisées.

xixe siècle. Diam. 20 cm.

180. — Grande boîte à thé, de forme carrée, en émail cloisonné chinois, joliment décorée sur fond turquoise de motifs fleuris et de papillons.

xixe siècle. Diam. 26 cm.

181. — Panneau décoratif formé d'une plaque en émail cloisonné chinois, décoré sur fond turquoise des mille objets précieux.

xixe siècle.

Larg. 45 cm. Haut. 34 cm.

182. — Vase en émail cloisonné chinois formé de deux poissons accolés symbolisant l'emblème bouddhique.

Chine, xixe siècle. Haut. 32 cm.

183. — Deux grands vases en bronze et émaux cloisonnés de Canton, ciselés sur la panse d'oiseaux Hôo et de pivoines.

Haut. 75 cm.

184. — Plateau rectangulaire en émail cloisonné chinois, décoré sur fond turquoise des mille objets précieux.

185. — Boîte tubulaire en émail cloisonné chinois, à décor de rinceaux fleuris sur fond turquoise.

186. — Deux petits brûle-parfums de forme élégante, en émail cloisonné chinois, à décor fleuri sur fond turquoise, couvercles de décors similaires, surmontés d'un chien de Fo, en bronze doré.

Signés : *Ming*, mais XVIIIe siècle.

Haut. 14 cm.

187. — Bonbonnière de forme arrondie et hexalobée, en émaux champlevés, à décor de vases fleuris.

Diam. 8 cm.

188. — Très joli petit brûle-parfums, en ancien émail cloisonné chinois, de forme rectangulaire, supporté par quatre pièces à arabesques, les faces coupées d'arêtes dentelées.

Sur le fond bleu-vert se détachent en polychromie des figures de taotieh

Époque *Kang-hi*. Diam. 10 cm.

189. — Très jolie boîte, de forme quadrilatérale, en ancien émail cloisonné chinois, à décor de rinceaux fleuris stylisés sur fond turquoise.

Époque *Kienlong*. Diam. 6 cm.

190. — Deux vases en forme de disques, en émail cloisonné japonais, d'une très grande finesse de décor, illustrant la scène du combat de Benkei et de Yoshitsune, sur le pont.

Au revers, un décor d'ibis au milieu des iris.

Sur le pourtour, un décor de papillons sur fond aventuriné.

Diam. 18 cm.

191. — Groupe formé de deux perdrix, en émail cloisonné japonais garnies sur un même socle en bois sculpté, imitant une touffe fleurie.

XIXe siècle. Haut. 45 cm.

192. — Deux vases de forme ovoïde (paire), en émail cloisonné japonais, décorés sur fond aventuriné de papillons et de motifs fleuris (montés en lampes).

XIXe siècle. Haut. des vases 17 cm.

193. — Petit vase de forme ovoïde, en émail cloisonné japonais, à décor de fleurettes et de motifs fantaisie (monté en lampe).

194. — Vase en émail cloisonné japonais, décoré sur fond ciel d'oiseaux volant dans les érables.

XIXe siècle. Haut. 15 cm.

195. — Jardinière de suspension en émail cloisonné japonais, décorée sur fond bleu ciel de fleurs variées.

196. — Deux assiettes en émail cloisonné japonais, à décor de papillons et d'oiseaux divers.

Diam. 30 cm.

197. — Deux vases formant paire en émail cloisonné japonais, à décor fleuri.

Haut. 20 cm.

198. — Deux tasses et leurs soucoupes en émail cloisonné chinois, à décor d'attributs divers sur fond turquoise.

199. — Deux vases formant paire, la panse quadrilatérale, en émail cloisonné japonais, à décor de fleurs et de dragons.

Haut. 17 cm.

200. — Élégante verseuse en émail cloisonné japonais, à décor d'oiseaux et de motifs fleuris.

Haut. 14 cm.

201. — Deux boites en forme d'oiseaux accroupis, en émaux cloisonnés.

202. — Deux bonbonnières de formes variées, en émail cloisonné, décorées l'une de fleurs, l'autre d'oiseaux.

203. — Petit vase en émail cloisonné sur argent, décoré de canards dans les herbes d'un marais.

Haut. 11 cm.

204. — Brûle-parfums en bronze cloisonné de Canton, représentant un phénix marchant.

XIXe siècle. Diam. 57 cm.

205. — Deux très petits vases, d'une grande finesse de travail, en émail cloisonné japonais.

206. — Trois petites pièces diverses, en émail cloisonné japonais.

207-209. — Trois paires de vases en émail cloisonné, à décors variés.

210. — Petit vase couvert en verre moucheté d'or, imitant un émail cloisonné japonais.

Haut. 18 cm.

211-212. — Deux tasses, deux soucoupes et une petite boîte en anciens émaux peints de Canton.

XVIIIe siècle.

PIERRES DURES

213. — Très belle coupe ronde, avec léger marli droit en jade vert foncé dit *néphrite*, supportée par quatre petits pieds.

Deux anses chauves-souris supportant des anneaux mobiles pris dans la masse.

Haut support en bois sculpté. Diam. 35 cm.

214. — Brûle-parfums de forme rectangulaire, en jade vert foncé, sculpté aux angles et sur les milieux des faces d'arêtes dentelées, coupant des motifs à taotieh.

Couvercle et socle en même matière, offrant un décor similaire.

XVIIIe siècle. Diam. 23 cm. Haut. 30 cm.

215. — Tasse et soucoupe, en agate rouge rubannée.

Diam. 12 cm.

216. — Petite boîte à encre, en cristal de roche.

Diam. 6 cm.

217. — Grand vase-cornet en cristal, imitant un décor chinois. Monture bronze doré.

Haut. 24 cm.

218. — Petit personnage assis sur un bœuf. Jade de différents tons.

219-223. — Six tabatières en pierres dures diverses.

224-226. — Un lot de petites pièces diverses.

227. — Un service en pierre de lard bleutée, gravé de caractères.

228. — Porte-bouquet en cristal de roche, sculpté de branchages de pins.

Haut. 11 cm.

229. — Vase en jade de fouille, la panse quadrilatérale s'évasant légèrement, finement gravé de rinceaux fleuris et de caractères anciens.

Haut. 11 cm.

230. — Groupe en ambre jaune, représentant un personnage étendu et dormant.

Diam. 9 cm.

231. — Vase, la panse aplatie, en cristal de roche, gravé de branchages fleuris. Socle même matière.

Haut. 16 cm.

232. — Petit brûle-parfums formé d'une coupe en jade blanc quadrilobé, finement sculpté de motifs à taotieh.

Couvercle et socle en bois ajouré.

Diam. 13 cm.

233. — Ornement en jade blanc, représentant un petit sampang où s'agitent deux personnages.

Diam. 10 cm.

234. — Vase de panse aplatie, en jade vert foncé, sculpté de rinceaux fleuris stylisés et de motifs à taotieh.

Haut. 15 cm.

LAQUES

235. — Boite à papier en laque nachiji, offrant en makiye le décor « shochiku-bai », pin, prunier et bambous, emblêmes de félicité et de longévité. Armoiries de Daimyo.

Début du XIXe siècle.

236. — Grande boite à papier en laque, imitant un trône de bambou, ornée d'un joli décor en incrustations de nacre, de coqs, poules et poussins dans l'herbe fleurie.

Diam. 40 cm.

237. — Boite à parfums (*Kobako*), de forme rectangulaire, en laque nachiji décorée en laques d'or et d'argent de Kago (chaises à porteur) arrêtées au milieu de massifs fleuris.

XVIIIe siècle. Diam. 17 cm.

238. — Très jolie boite, de forme haute et carrée, le couvercle retombant entièrement sur les parois, décoré, en laque d'or et laque rouge, d'un semis de fleurs. La boite intérieure est décorée en togidashi de médaillons et de motifs fleuris stylisés.

XVIIIe siècle. Haut. 12 cm.

239. — Plateau de forme hexagonale et trois boites en forme de losange (disposées sur le plateau), en très beau laque d'or à décor de paysages variés.

XVIIIe siècle. Diam. 17 cm.

240. — Petite boite en laque d'or finement décorée, imitant un samisen. Très joli petit plateau intérieur, en forme, offrant un fin paysage.

241. — Grande garde de sabre en laque d'or et incrustations variées, montrant sur une face un jeune singe retenant deux personnages quittant une auberge ; sur l'autre des pigeons au bord d'un ruisseau fleuri.

XIXe siècle.

242. — Coq et poule en laque d'or finement ciselés.

XVIIIe siècle.

243. — Très beau masque en laque d'or, représentant un personnage grimaçant et louchant vers une mouche posée sur son front.

244-248. — Sept petites boîtes à parfums, en laques divers.

249. — Bol en laque aventuriné, décoré au laque d'or d'armoiries et de branchages divers.

250. — Jolie boîte à parfums en laque d'or et laque rosé, imitant une pousse de bambous.

251. — Petite boîte de mariage en laque d'or, imitant un chat accroupi. Ces pièces avaient une signification spéciale dans la cérémonie du mariage.

252. — Petite boîte en laque d'or, imitant une barque chargée de gerbes de blé.

253. — Deux petites boîtes à parfums, très finement décorées d'un éléphant caparaçonné et de motifs fleuris.

254. — Deux boîtes à parfums en bois naturel, joliment incrustées de nacre, ayant l'aspect de papillons aux ailes éployées.

255. — Petit plateau et deux brûle-encens tubulaires, en laque aventurinée, décorés au laque d'or de Kago et de branchages fleuris.

256-257. — Deux plateaux en laque nachiji et laque d'or.

258. — Peigne en laque aventuriné, joliment décoré en laques divers d'un faisan dans les rochers.

Signé : ***Kwagetsu-sai.***

259. — Inro à trois cases en laque d'or, finement ciselé et rehaussé de laques divers, offrant un vol de grues dans les nuages, en laque Kirikane.

Signé : ***Taigyo.***

260. — Inro à cinq cases en laque d'or, décoré de branches de pruniers et de nuages.

XVIIIe siècle.

261. — Inro à une case en laque noir, décoré au laque rouge d'une chimère dans les pivoines.

262. — Inro à trois cases en écorce et écaille, décoré sur une face, en applications diverses, d'un bœuf accroupi, et sur l'autre, d'un enfant assis sur le dos d'un bœuf et jouant de la flûte.

263. — Inro a une case en laque d'or, décoré en laques divers de chevaux dans une prairie.

XVIIIe siècle.

264. — Inro à une case, imitant une coquille, décoré en togidashi sur fond noir d'un paysage planté d'arbres en fleurs.

XVIIIe siècle.

265. — Inro à cinq cases en laque d'or, décoré d'un ruisseau et d'un paysage de colline.

266. — Inro à quatre cases en bois très finement sculpté et laqué d'un semis de chrysanthèmes aux multiples tonalités.
Signée : *Takarabune*.
Netsuke masque signé : *Toshu*.

267. — Inro à une case en laque noir, décoré au laque d'or et incrustation diverses de toba à cheval.
Signé : *Kajikawa*.

268. — Inro à une case en laque rougeâtre pavé de nacre, à décor de panneaux de fleurs et de caractères.

269. — Inro à trois cases en cuivre, ciselé d'un tigre et d'un dragon.

270. — Bonbonnière en laque rouge, sculptée d'un personnage assis sur une terrasse fleurie.

271. — Petite boite à parfums de forme rectangulaire, sculptée de deux personnages près d'une habitation.

272. — Deux boites, de forme irrégulière, en ancien laque rouge de Pékin, sculptées de scènes à personnages et de motifs fleuris stylisés.
XVIIIe siècle.

273. — Deux vases formant porte-bouquets en laque rouge, imitant des dragons volant dressés sur leur queue.
Signé : *Kwaigyoku*. Haut. 25 cm.

274. — Pochette à tabac en bois naturel, décoré en laque d'or et burgau de motifs d'iris.
Signée : *Kwórin*, mais postérieure.

275. — Pochette à tabac, en bois naturel, très finement sculptée d'un oiseau Hôo et de motifs fleuris.

276. — Pochette à tabac en bois laque, imitant le laque de Kamakura, à décor d'oiseaux survolant les vagues.

277. — Pochette à tabac en bois naturel, décorée en ivoire et plomb, de trois escargots.

278. — Etui à pipe en cuir, décoré au laque d'or de motifs fleuris, et pipette japonaise.

279. — Boite ronde en laque de Perse.

IVOIRES

280. — Vase pitong en ivoire, formé d'une section de défense, très finement incrusté de nacre et de pierres divers, de motifs fleuris et d'oiseaux. Incrustations de *Shibayama*.

Socle en bois laqué richement décoré au laque d'or d'oiseaux Hôo.

Haut. 40 cm.

281. — Groupe en ivoire représentant une maisonnette au toit de chaume, dans laquelle se tiennent quelques personnages.

Japon, XIXe siècle. Diam. 35 cm.

282. — Sur un socle en bois laqué sont disposés de petits personnages en ivoire sculpté, groupés autour d'un puits, causant ou frappant une cloche.

Japon, XIXe siècle. Diam. 25 cm.

283. — Personnage en ivoire représentant un pêcheur revenant de son travail, tenant une dorade au bout d'une branche passée dans les ouïes.

Japon, XIXe siècle. Haut. 17 cm.
Signé : *Jinshin.*

284. — Petit écran en ivoire, très finement incrusté de nacre offrant un décor de vases fleuris et d'oiseaux.

Japon, XIXe siècle. Haut. 25 cm.

285. — Tourterelle en ivoire, les ailes finement incrustées de lamelles de nacre aux tonalités variées.

Japon, XIXe siècle. Diam. 13 cm.

286. — Yojiro, dresseur de singes, se promenant son animal sur le dos. Le singe convoite un kaki que tient son maître. Un garçonnet regarde la scène, amusé.

Japon, XIXe siècle. Haut. 24 cm.
Signé : *Kwôgyoku.*

287. — Vase pitong en ivoire, sculpté de plusieurs personnages sortant d'une maisonnette. Sur la pochette à tabac de l'un d'eux, une inscription.

Japon, XIXe siècle. Haut. 18 cm.

288. — Autour d'une statuette d'Amida, qu'abrite un toit de chaume, sont venus prier plusieurs petits personnages.

Japon XIXe siècle. Haut. 15 cm.
Signé : *Ikkosai Masahide.*

289. — Petite chapelle portative en ivoire, scupltée de personnages et de rinceaux fleuris contenant une statuette de Daruma, un sceptre à la main.

Japon XIXe siècle. Haut. 13 cm.

290. — Petite boite en forme d'un taberou de voyage, en ivoire natté sur bois, décorée au centre en incrustations de nacre et de pierres diverses, de motifs fleuris et d'oiseaux.

Japon XIXe siècle. Diam. 10 cm.

291. — Petit vase pitong en ivoire sculpté de Rakans groupés sous les pins (monté en lampe).

Haut. 8 cm.

292. — Groupe en ivoire sculpté, formant écran, représentant un jeune noble poursuivant à coups de... pois frais une troupe d'« onis » diablotins qui s'enfuient épouvantés.

Japon XIXe siècle. Diam. 13 cm.
Signé : *Toshiynki*.

293. — Petit personnage, couché sur une natte, s'apprêtant à fumer sa pipette.

Japon XIXe siècle. Diam. 10 cm.

294. — Petit personnage accroupi, se préparant à écailler un poisson. Ivoire.

Japon XIXe siècle. Haut. 9 cm.

295. — Groupe en ivoire représentant deux petits fabricants de coiffures de cour et d'armures.

Japon XIXe siècle. Haut. 77 cm.
Signé : *Katsuo* (?)

296. — Groupe en ivoire représentant deux petits garçonnets dans une voiturette à tête de coq.

Japon XIXe siècle. Diam. 9 cm.

297. — Netsuke bouton en ivoire, sculpté d'un personnage jouant de la flûte.

Japon XIXe siècle.

298. — Petit fabricant de vannerie. Ivoire.

Japon XIXe siècle. Diam. 77 cm.
Signé : *Shunkwa* (Haruhana).

299. — Inro à une case, en ivoire, sculpté de singes et de kakis.

Japon XIXe siècle.
Signé : *Ikkwô* ; sur netsuke, *Shûsei*.

300. — Netsuke en ivoire représentant un personnage à demi dissimulé dans sa cloche.

Signé : *Saneo*.

301. — Hotei accroupi et souriant, jouant avec des enfants.

Signé :

302. — Personnage hollandais souriant.

303-308. — Dix petites pièces en ivoire sculpté représentant des sujets divers.

309. — Personnage debout, maintenant à l'aide d'une ficelle son large chapeau que le vent emporte.

Signé : *Gyokuren.* Haut. 18 cm.

310. — Personnage, un sabre au côté, apprenant à lire à deux garçonnets accroupis à ses pieds.

Haut. 13 cm.

311. — Figure de Kwannin, debout, une fleur à la main, sur le lotus à double rang de pétales.

Signé : *Sôryû.* Haut. 16 cm.

312. — Personnage debout, le costume finement incrusté de pierres diverses, tenant des pigeons sur le poing.

Signé : *Kwôshin* (Mitsusane). Haut. 17 cm.

313. — Barque en ivoire, emmenant sur les flots une joyeuse compagnie... de singes.

Signé : *Seigyoku.* Diam. 23 cm.

314. — Groupe en ivoire disposé sur un socle en bois, montrant des singes déchargeant une voiture de bois.

Diam. 23 cm.

315. — Personnage revenant du marché, portant sur son dos un panier dans lequel se débat une oie.

Signé : *Jukeisai.* Haut. 17 cm.

316-322. — Sept groupes en ivoire sculpté représentant des personnages et des sujets variés.

Haut. environ 15 cm.

323. — Choki ayant capturé, sous un large chapeau, un oni qui se débat.

Signé : *Juhôdô Masakazu.*

324-350. — Une collection importante de quarante-huit pièces en ivoire offrant des sujets variés, finement sculptés.

351. — Fabricants de masques.

Signé : *Ikkwôsai.*

352. — Deux masques en ivoire.

353. — Trois petits vases en ivoire.

354. — Barque des dieux du Bonheur en bois sculpté, sur laquelle se trouvent trois personnages dont Benten et Fukuroku-jin.

Diam. 34 cm.

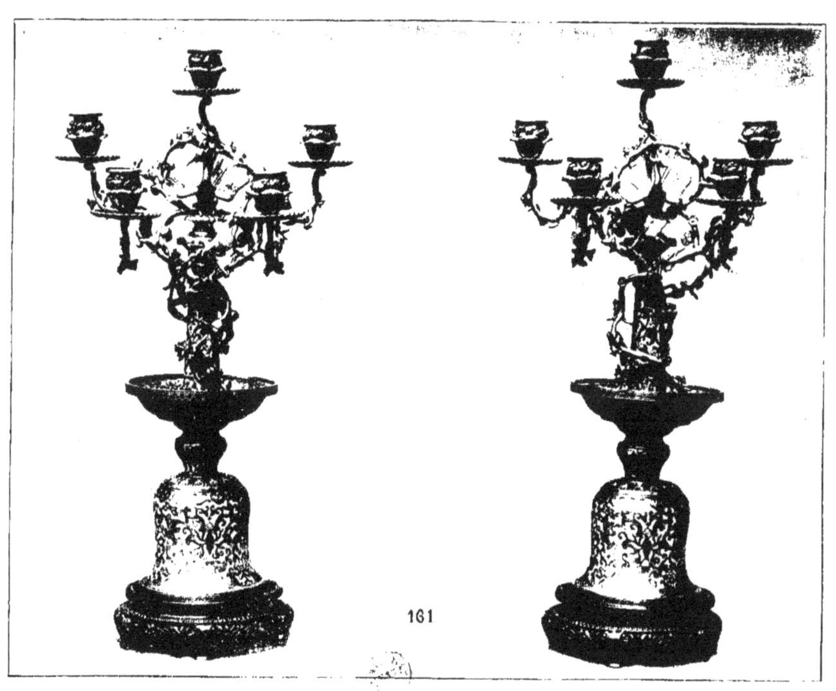

161

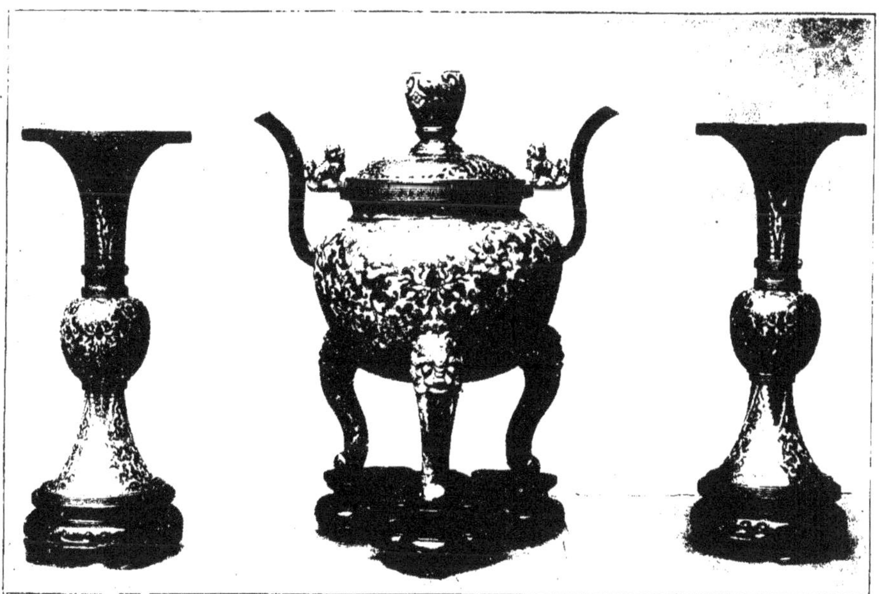

355. — Autre petite barque en bois sculpté, animée de petits personnages en ivoire.
Diam. 19 cm.

356. — Petite figure en bois et ivoire, finement sculptée, représentant une Apsara frappant un taiko.
Haut. 23 cm.

357. — Autre figure, d'un travail similaire, représentant un Manzaï dansant.
Haut. 23 cm.

357 *bis*. — Personnage apprenant à lire à deux garçonnets.
Signé : *Dôkwô*. Haut. 13 cm.

ARMURES ET ARMES

358. — Pièces d'armure persane comprenant un bouclier, le brassard et le casque en métal incrusté d'or.
XVIIe siècle.

359. — Pièces d'armure persane composées du bouclier, du brassard et du casque en métal ciselé et gravé.
XVIIe siècle.

360. — Deux poignards japonais à fourreau de laque nachiji, décorés : l'un des armoiries des princes de Tokugawa, l'autre d'un vol de libellules.

361. — Très joli poignard en laque d'or, très finement décoré de médaillons en argent ciselé, avec émaux translucides. Garniture complète en argent, d'une grande finesse de ciselure.
Lame gravée d'une branche de cerisier en fleurs.

362. — Très joli poignard en ivoire, très finement incrusté de nacre et de pierres diverses offrant des oiseaux en des massifs de fleurs. Garniture en argent très finement ciselée.
Lame gravée d'un dragon.

363. — Poignard circassien à monture d'argent ciselé.

364. — Poignard de médecin, en bois naturel, très finement sculpté et incrusté de nacre et d'ivoire, décoré de dragons dans les flots.

365. — Poignard de médecin, en bois naturel, joliment incrusté de nacre, offrant un vol de papillons et d'insectes divers.

366. — Grand sabre de cérémonie à fourreau de laque burgauté et garniture de cuivre ciselée aux armes des Tokugawa.

367. — Poignard à garniture de corne de cerf sculptée.

368. — Grand sabre japonais en ivoire sculpté, représentant avec finesse de nombreux Rakans, en des scènes variées.
XIXe siècle. Diam. 1 m. 20.

369-371. — Trois beaux sabres coupe-coupe malaisiens, à fourreau d'argent ciselé et lames damasquinées.

372-375. — Cinq pistolets persans, dont un damasquiné d'or.

376-377. — Deux très beaux pistolets à canons damasquinés d'or et d'argent. Perse.

378. — Hache à double tranchant.

BOIS SCULPTÉS

379. — Grande figure d'Amida en bois sculpté et doré, représentant le dieu debout sur le lotos sacré, les mains faisant le geste.
Derrière la divinité, l'auréole funagoku.
Haut. 2 m. 40.

380. — Figure de mousmée en bois sculpté, les chairs en ivoire. La robe est finement sculptée de motifs fleuris divers rehaussés de laque d'or.
Elle tient à la main une rose épanouie.
Japon, XIXe siècle. Haut. 50 cm.

381. — Figure de l'empereur Kanwo, en bois, très finement sculptée et rehaussée au laque d'or de médailles de dragons stylisés et de motifs fleuris.
Le personnage tient à la main un écran surmonté d'un chasse-mouches.
Japon, XIXe siècle. Haut. 45 cm.

382. — Groupe en bois naturel très finement sculpté, représentant un jeune garçon conduisant un cerf chargé d'attributs divers.
Japon, XIXe siècle. Diam. 25 cm.

383. — Très joli groupe en bois naturel, d'une grande finesse de sculpture, représentant Jurojin accroupi contre son cerf de longévité.
Japon, XIXe siècle. Diam. 20 cm.
Signé : *Furukawa Keisai.*

384. — Figure en bois très finement sculpté, représentant Kanwo, une pique à la main, vêtu d'une riche armure rehaussée de laque d'or et de nacre.
Japon, Début du XIXe siècle.
Haut. 70 cm.

385. — Autre figure en bois sculpté, faisant pendant avec la précédente, représentant un guerrier, un fauchard à la main.

386. — Figure en bois sculpté, représentant un pêcheur revenant de la pêche au trident, avec deux raies.
XIXe siècle. Haut. 45 cm.

386 *bis.* — Deux chimères d'autel en bois sculpté laqué rouge, imitant les laques de Kamakura.

Haut. 40 cm.

387. — Éléphant en bois naturel, très finement caparaçonné de motifs divers en incrustations de nacre, corail et ivoire.

Diam. 21 cm.

388. — Autre éléphant en laques d'or et d'argent, portant sur le dos une petite estrade sur laquelle trois garçonnets, aux chairs d'ivoire, font de la musique.

Haut. 25 cm.

389. — Autre petit éléphant, similaire aux précédents, portant sur le dos une boule de cristal.

Signé : *Kage-i.* Haut. 16 cm.

390. — Petite boite rectangulaire en bois incrusté de nacre et d'ivoire, montrant une chimère dans les pivoines.

391. — Tube porte-pinceaux en bois naturel incrusté de nacre et pierres diverses : oiseaux dans les branches fleuries.

392. — Chapelle portative en laque rouge à penture de cuivre ciselé, contenant une petite figure d'Amida.

Armoiries des Tokugawa.

393. — Deux boites en bois naturel : fruit, oiseau.

394. — Groupe en bois sculpté, représentant trois garçonnets tenant des boules en cristal.

395. — Petit personnage en bois sculpté et tête d'ivoire.

396. — Petit canard en bois laqué et doré.

397. — Petite boite sculptée, imitant un taberou de voyage et duquel sortent des têtes de monstres.

398-402. — Un lot de onze netsuke divers en bois sculpté.

403. — Panneau mural en bois naturel sculpté en haut relief d'un canard venant se poser dans les herbes d'un marais, à l'ombre d'un pin.

Japon, Signé : ***Bikado.*** Haut. 70 cm. Larg. 45 cm.

404. — Panneau décoratif en forme d'un disque, scuplté en plein bois d'un motif de vagues sur lesquelles sont groupés, debout sur des lotus, Amida et ses deux disciples Kongara et Seitaka. Bois doré et polychromé

Diam. 60 cm.

405. — Deux panneaux appliques en bois sculpté et laqué, décorés en relief de deux prêtres assis sur des sortes de flammes.

Japon. Haut. 42 cm.

406. — Panneaux décoratifs en laque japonais à fond bleu richement décoré en cloisonné et laques de couleurs d'oiseaux et de motifs fleuris.

Japon. Haut. 55 cm. Larg. 37 cm.

407. — Panneau en bois naturel sculpté dans la masse, en haut relief, d'un aigle survolant les flots.

Japon. Haut. 72 cm. Larg. 45 cm.

408. — Panneau décoratif en laque noir incrusté d'ivoire et de nacre représentant la *Kwannin* de la Mer, traversant les flots debout sur la tête d'un gigantesque poisson.

Japon. *Shigen.* Haut. 105 cm. Larg. 52 cm.

409. — Autre panneau faisant pendant avec le précédent, représentant un personnage tenant un shô à califourchon sur un poisson.

Unzan Shizuka.

410. — Grand plat décoratif en laque d'or ciselé, décoré en application de nacre et d'ivoire d'un samurai et d'une jeune femme auprès d'un ruisseau.

Japon XIXe siècle. Diam. 60 cm.

411. — Grand panneau décoratif en forme d'un large plat en laque d'or décoré en applications d'ivoire et de nacre de cinq Rakans groupés dans les rochers au milieu des fleurs.

Japon XIXe siècle. Diam. 90 cm.

412. — Assiette en laque bleu japonais, décorée en incrustations de nacre et d'ivoire d'oiseaux sur une branche fleurie.

Diam. 37 cm.

413-418. — Dix panneaux décoratifs en bois sculpté et ajouré, rehaussés de laque d'or, ou peints, ornés de motifs fleuris et d'oiseaux. (Seront divisés.)

Japon.

MEUBLES DIVERS

419. — Glace dans un cadre de bois naturel sculpté de grecques et ornée d'une tête de chimère en bronze ciselé.

Haut. 85 cm. Larg. 60 cm.

420. — Jolie table à jeu en bois sculpté décorée sur le plateau supérieur en incrustations diverses d'instruments de musique. Galerie ajourée avec appliques de bronze ciselé.

Haut. 75 cm. Diam. 90 cm.

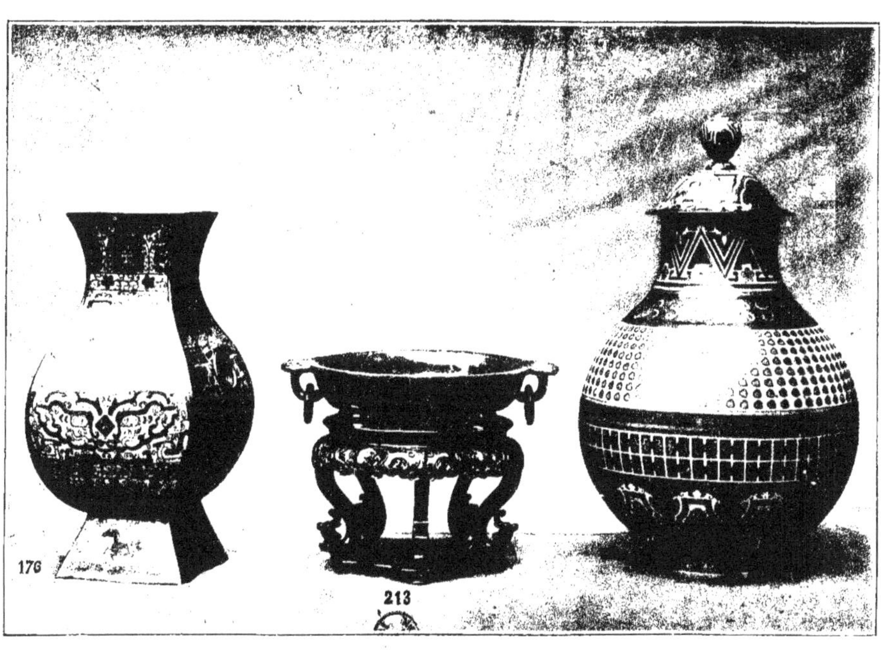
176
213

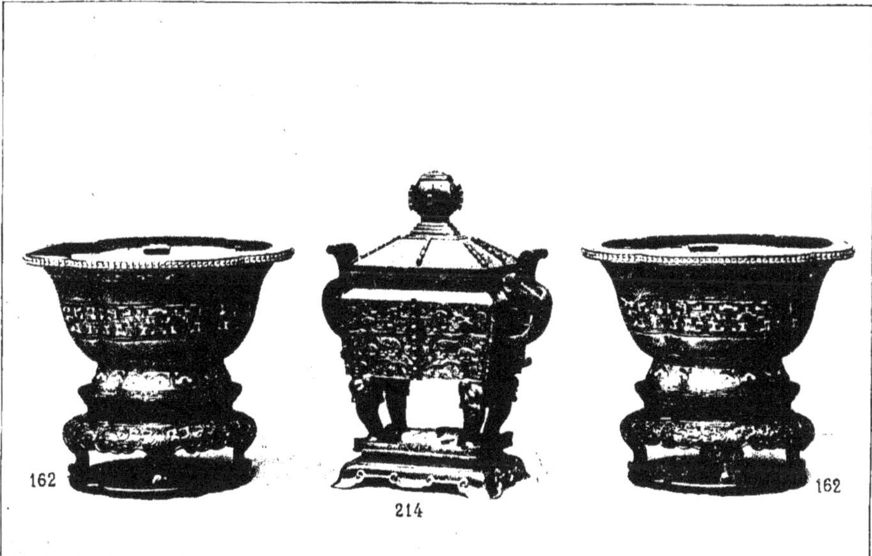
162
214
162

421. — Table à double tablette en bois sculpté et incrustée de nacre, à décor de grecques et de motifs fleuris. Tonkin.

Haut. 90 cm.

422. — Table rectangulaire en bois naturel, incrustée de nacre, le plateau supérieur en marbre brèche rouge. Tonkin.

Diam. 70 cm.

423. — Table rectangulaire en bois, incrustée de nacre, la tablette supérieure étant formée d'une plaque de marbre brèche rouge.

Haut. 75 cm.

424. — Deux jolies tables-supports en bois, finement sculptées, à plateau de marbre brèche rouge.

Haut. 105 cm.

425. — Tabouret en bois incrusté de nacre, orné au centre du plateau, en marquetterie, d'un motif fantaisie imitant un caractère chinois.

Haut. 45 cm.

426. — Très jolie table-support en bois sculpté avec applications de bronze, le dessus de marbre rouillé.

Haut. 65 cm.

427. — Tabouret-support de forme élevée en bois dit « de fer », sculpté de branches de bambous, le plateau supérieur de marbre brèche rouge.

Haut. 90 cm.

428. — Deux petites tables-supports en bois sculpté de grecques et de motifs fleuris, avec plateau supérieur de marbre brèche rouge.

Haut. 75 cm.

DIVERS

429. — Très beau Samisen en bois naturel rehaussé de laque d'or et incrusté de nacre et de plomb dans le style de Kworin, décoré d'un tsuzumi sur une terrasse abritée par un érable.

Jolie pièce.

Japon.

430. — Joli samisen en bois sculpté finement décoré en laque d'or d'une zone de motifs fleuris.

Japon.

431. — Grand samisen, à quatre cordes, monture en bois naturel incrusté de fleurettes de nacre.

431 *bis.* — Deux coffres de voyage en laque noir, décorés au laque d'or et rehaussés de nacre, de bouquets fleuris.

431 *ter*. — Coffre de voyage « taberou » en laque noir et laque d'or.

432. — Deux lances de cortège en bois joliment paré de nacre.
Japon.

433. — Écran japonais laqué.

434-438. — Cinq instruments de musique divers (samisen, shô, biwa). (Seront divisés).
Japon.

439. — Deux porte-parapluies, en forme de tubes, en porcelaines diverses avec garniture nickelée.

440. — Un lot de socles en bois sculpté.

CERAMIQUE EUROPÉENNE IMITANT LES DÉCORS CHINOIS

441. — Vase de panse surelevée, en porcelaine, décoré sur fond blanc gravé de dragons en émaux verts et jaunes.
Monture de bronze doré.
Haut. 25 cm.

442. — Groupe en céramique représentant deux cigognes sur des rochers. Monture de bronze doré formant girandole.
Haut. 42 cm.

443. — Petite potiche (montée en lampe), à décor de vases fleuris.
Style de la famille rose. Haut. 25 cm.

444. — Bouteille de forme élancée en porcelaine bleu fouetté, décorée en réserve de médaillons fleuris.
Monture en bronze doré.
Style *Kang-hi*. Haut. 42 cm.

445. — Vase en forme d'une gourde à double panse, décorée sur fond de vagues rouges stylisées, dans le style des *Ming*, des figures des huit immortels, Pa'hsien.
Monture en bronze doré.
Haut. 40 cm.

446. — Deux vases, la panse côtelée, en porcelaine à couverte bleu turquoise.
Monture en bronze doré.
Haut. 26 cm.

447. — Une paire de vases-cornets en porcelaine, à décor d'oiseaux et de fleurs, style famille rose.
Monture de bronze doré.
Haut. 51 cm.

448. — Deux bouteilles en porcelaine à couverte bleu fouetté.
Monture de bronze doré les transformant en aiguières.
Haut. 40 cm.

449. — Petit vase en porcelaine, style de la famille verte, décoré en réserve sur fond vert piqueté noir de médaillons fleuris.
Monture de bronze doré.
Haut. 32 cm.

450. — Deux vases-cornets en porcelaine céladonée, à larges craquelures.
Monture en bronze doré.
Haut. 40 cm.

451. — Perroquet sur la pointe d'un rocher : copie d'une pièce chinoise du XVIIIe siècle.
Monture en bronze doré.
Haut. 40 cm.

452. — Joli petit brûle-parfums, formé d'une coupe couverte en porcelaine de fond fraise écrasée, avec réserve de médaillons de poules et de coqs en émaux de la famille rose.
Monture en bronze doré.
Haut. 30 cm.

453. — Petit vase en porcelaine bleu fouetté et réserve de médaillons fleuris en émaux de la famille verte.
Monture en bronze doré, forme aiguière.
Style *Kang-hi*. Haut. 17 cm.

454. — Potiche couverte en porcelaine bleu fouetté, avec réserve d'une large zone, décorée en vert sur fond jaune de motifs fleuris stylisés.
Monture en bronze doré.
Style *Kang-hi*. Haut. 40 cm.

455. — Potiche couverte en porcelaine bleu fouetté, avec réserves de médaillons fleuris en émaux de la famille verte.
Jolie monture en bronze doré.
Style *Kang-hi*. Haut. 40 cm.

456. — Vase de forme élancée, la panse rectangulaire, décoré en émaux verts sur fond noir de dragons dans les nuages.
Monture de bronze doré.
Style *Kang-hi*. Haut. 43 cm.

457. — Garniture composée d'une petite potiche et de deux vases-cornets en porcelaine à décor de fleurs et oiseaux, style famille rose.
Haut. 25 cm.

458. — Grand plat imitant la porcelaine japonaise d'Imari (Arita), décoré en émaux bleus, rouges et ors, de bouquets fleuris.

Diam. 60 cm.

TAPIS ET CARPETTES

459-486. — Un lot de tapis, carpettes et chemins divers.
(Sera divisé).

487. — Lots omis au présent catalogue.

Imprimerie BERGER-LEVRAULT, Paris-Nancy.

www.ingramcontent.com/pod-product-compliance
Ingram Content Group UK Ltd.
Pitfield, Milton Keynes, MK11 3LW, UK
UKHW021318190726
13839UKWH00007B/1953